SOCIÉTÉ D'ANTHROPOLOGIE DE PARIS

LE GÉNÉRAL FAIDHERBE

DISCOURS

PRONONCÉS

A LA SÉANCE DU 3 OCTOBRE 1889

PAR

M. J.-V. LABORDE

Vice-Président de la Société,
Membre de l'Académie de médecine,

ET

M. GEORGES HERVÉ

Secrétaire général adjoint de la Société,
Professeur à l'École d'anthropologie.

PARIS

TYPOGRAPHIE A. HENNUYER

RUE DARCET, 7

1889

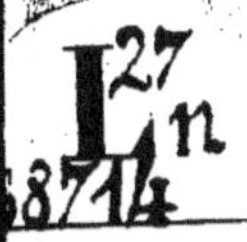

DISCOURS DE M. J.-V. LABORDE

VICE-PRÉSIDENT DE LA SOCIÉTÉ D'ANTHROPOLOGIE

(*Séance du 3 octobre 1889.*)

MESSIEURS,

Avant de reprendre le cours de nos travaux, j'ai le douloureux devoir de vous annoncer la perte irréparable que vient de faire la *Société d'anthropologie* dans un de ses plus illustres membres, le général FAIDHERBE.

Ce deuil national, qui frappe à la fois la patrie et la science, notre Société a le droit, en effet, d'en revendiquer une grande part, car Faidherbe lui appartenait depuis longtemps, depuis l'année 1867, et elle eut l'honneur de le compter parmi ses présidents en 1874.

C'est que Faidherbe ne fut pas seulement le vaillant soldat, le grand capitaine que vous savez, le glorieux vainqueur de Bapaume et de Pont-Noyelles, le réorganisateur de nos armées en détresse et de la victoire, hélas ! infructueuse, le principal sauveur de l'honneur national, l'ami sincère, le serviteur fidèle, inébranlable, des institutions républicaines qui incarnaient pour lui l'avenir et la grandeur du pays; il fut, en outre, un des plus fervents adeptes de la science, dont la place est marquée au premier rang des linguistes, et surtout des ethnographes, ainsi qu'en témoignent les nombreux et remarquables travaux qui ornent nos *Bulletins :*

Son *Mémoire sur les tombeaux mégalithiques* et sur les *Blonds de la Libye ;*

Les *Fouilles dans les dolmens de Tebessa et de Guestel,* 1869 ;

Sur l'*Ethnographie du nord de l'Afrique,* 1870 ;

Sur les *Relations ethniques des Libyens et des Egyptiens,* 1872;

Sur le *Prognathisme artificiel des Mauresques du Sénégal,* 1872 ;

Sur *les dolmens d'Afrique*, et *Instructions sur l'anthropolo-gie de l'Algérie*, 1873 ;

Sur l'*Ethnologie canarienne* et sur *les Tamahou*, 1874.

Tout à l'heure vous entendrez de la bouche de notre excellent collègue M. Georges Hervé, qui a bien voulu préparer une notice à ce sujet, une appréciation compétente de la valeur et de la portée de ces travaux, qui suffiraient à illustrer le nom de Faidherbe, s'il ne l'était déjà par sa magnifique carrière militaire.

Celle-ci d'ailleurs — il importe de le remarquer — emprunte au savant dont fut doublé le soldat, ses attributs et son caractère personnels de supériorité. L'épée conduite non seulement par le devoir et la vaillance, mais, de plus, inspirée et guidée par une idée féconde et patriotique, l'idée d'expansion coloniale et civilisatrice, au profit de la mère-patrie, telle fut l'épée doublement glorieuse de Faidherbe, qui, après la réalisation et la conquête, cédait la place à la plume, cet autre instrument — pacifique — de la civilisation et du progrès, celui-ci complétant et embellissant en quelque sorte celui-là !

Cette idée, je pourrais dire cet esprit de colonisation et solidairement d'influence civilisatrice s'était déjà fait jour, chez Faidherbe, dans son court passage à la Guadeloupe ; il s'accentua en Algérie; mais c'est surtout au Sénégal qu'il prit corps dans des réalisations admirables, où l'idée trouva à son service le plus habile, le plus savant des tacticiens.

C'est, je le répète, avec cette préoccupation constante, et dans cet esprit profondément scientifique, humanitaire et patriotique, que Faidherbe a été amené à poursuivre son œuvre civilisatrice et à composer ses travaux, qui sont comme la justification de cette œuvre.

En même temps qu'elle lui dictait ces productions remarquables, dans sa sphère de prédilection, *l'anthropologie*, la culture de la science était devenue, pour le général Faidherbe, sa suprême consolation et son seul délassement, dans les heures d'angoisse et d'impotence physique qu'il devait

à la terrible et inexorable maladie qui le tenait et le tor-
turait depuis près de quarante années, et contre laquelle il a
lutté, avec une force de résistance stoïque et de ténacité in-
comparable, au point de la faire plier aux exigences exceptionnelles, sous des latitudes dangereuses, d'une carrière des
plus fatigantes par elle-même, et qui n'a fini par dompter
que ses forces physiques exténuées. L'esprit et l'intelligence
sont, en effet, restés debout jusqu'au dernier moment; et, il y a
quelques mois à peine, il mettait la dernière main et publiait
son plus important ouvrage, la synthèse de tous ses travaux
antérieurs, sur le Sénégal, fruit de trente-cinq années de travaux et d'études.

Esprit profondément indépendant, toujours et largement
ouvert aux idées de rénovation et de progrès par la science,
il suivait, avec un intérêt incessant, les travaux auxquels il
prit, comme on vient de le voir, une large part, et les déve-
loppements de la Société d'anthropologie ; et lorsque se con-
stitua, comme annexe de notre Compagnie savante, la *Société
d'autopsie mutuelle*, appréciant du premier coup d'œil sa
portée scientifique et son but utilitaire, il en fut, comme
son illustre ami Paul Broca, l'un des premiers et des plus
chaleureux adhérents ; il s'empressa de marquer cette adhé-
sion par la remise de son testament, au sujet de l'autopsie de
son corps, testament dont j'ai le texte sous les yeux, écrit de
sa propre main, et dont il n'est pas sans intérêt de connaître
les termes.

Si cette dernière volonté, si fermement et si nettement
exprimée, et qui traduit des convictions à l'abri de toute dé-
faillance personnelle, tant qu'a duré la possession de soi
libre et consciente, n'a pu être exécutée, cela a tenu uniquement, nous avons qualité pour le dire, aux conditions matérielles créées par les derniers ravages de la maladie, qui
n'eussent point permis un examen convenable et la conser-
vation des organes délicats, notamment du cerveau, dont
l'étude importait surtout. Car c'est par une erreur que nous
tenons à relever ici, que quelques journaux mal informés, *le*

Temps entre autres, ont prétendu que le général s'était retiré de la Société d'autopsie mutuelle. Son testament, que l'on vient de lire, témoigne du contraire, et nulle autre disposition écrite ne l'annulait.

Nous devons, d'un autre côté, rendre à la famille du grand chancelier, et notamment à Mme Faidherbe, sa digne compagne, et à son gendre, cette justice, qu'ils se seraient montrés disposés à respecter la volonté du général, dont il était de notre devoir de leur soumettre l'expression, d'ailleurs avec toute la déférence que comportait une aussi délicate mission, à laquelle nous n'aurions eu garde de faillir, si les conditions matérielles que je viens de signaler n'avaient créé un empêchement réel et insurmontable.

Il n'en reste pas moins profondément regrettable, à tous égards, que l'autopsie du grand mort n'ait pas été réalisée, et qu'en particulier l'organe, l'instrument d'une si belle intelligence, de si hautes et si fortes qualités morales, n'ait pu livrer ses secrets à la science, à côté de celui de Gambetta, son initiateur à la défense nationale, et son plus illustre collaborateur.

Autrefois, l'autopsie était de règle, et un honneur pour les rois et les grands de la terre.

Aujourd'hui, elle devrait être de règle scientifique et utilitaire pour tous, et particulièrement pour les intelligences exceptionnelles, comme celle qui vient de s'éteindre.

Tel est le principe et le but de la *Société d'autopsie mutuelle*, si bien compris par Faidherbe ; elle poursuit tranquillement son œuvre, convaincue des services qu'elle est destinée à rendre et qu'elle a déjà rendus à la science et à l'humanité.

Messieurs et chers collègues, au nom de vous tous, au nom de la Société d'anthropologie, je salue respectueusement, de nos hommages et de nos regrets, la grande mémoire du général Faidherbe, notre illustre collègue.

Je soussigné, désire et veux que,
après ma mort, il soit précédé
à mon autopsie par les soins
de la société d'autopsie mutuelle.

Désirant en outre que mon
corps soit utilisé par la Science
je le legue, notamment
mon cerveau et mon crâne

du laboratoire d'anatomie,
qui en disposera à son gré,
telle est ma volonté expresse.

~ fait librement et spontanément
à Lille le 28 avril 1878.

L. Faidherbe

DISCOURS DE M. G. HERVÉ

Messieurs,

La Société d'anthropologie de Paris salue d'un pieux hommage la mémoire du vainqueur de Bapaume.

Le général Faidherbe avait compris qu'au-dessus de la guerre, qui divise les hommes, il y a la science qui les rapproche, et, dès longtemps, il nous avait apporté son concours, l'appui de son nom respecté. Nous étions fiers de le compter comme nôtre.

Il appartenait à la famille de ces nobles esprits : les Descartes, les Vauvenargues, et près de nous, les Ségur, les Vigny, les Becquerel, les Poncelet, les Morin, les Perrier; esprits dont l'activité ne saurait se restreindre aux labeurs militaires et qui demandent à la science, aux lettres, à la philosophie, avec le charme et l'occupation de leurs loisirs, de nouveaux moyens d'honorer leur pays. Vauban écrivant sa *Dime royale* après les grandes guerres du règne de Louis XIV et les sièges fameux qu'il avait dirigés, est le chef de cette lignée. Tel le général Faidherbe, au lendemain de désastres inouïs que son patriotisme et sa vaillance n'avaient pu conjurer, montait, l'épée remise dans le fourreau, au fauteuil de la Société d'anthropologie où l'appelait le choix unanime de ses collègues.

De remarquables études de linguistique et une compétence reconnue dans les questions d'ethnologie africaine lui avaient valu cet honneur.

En prenant possession de la présidence, ayant encore sous les yeux les plaies de la patrie, Faidherbe trouvait à dégager des enseignements de l'anthropologie une double et haute leçon de morale civique. « La géologie, disait-il, nous avait déjà révélé que le perfectionnement est la loi fatale de la vie organique sur notre globe ; notre science nous a confirmé cette vérité pour le cas particulier de l'humanité, et le progrès s'effectue dans la lutte pour l'existence par la multiplication des mieux doués aux dépens de ceux qui le sont moins bien ; et qu'on n'objecte pas comme contraire à cette loi la destruction des diverses civilisations par des barbares ; même dans ce fait, en thèse générale, l'anthropologiste voit une évolution de progrès : ces barbares avaient quelque qualité physique ou morale essentielle que ces civilisés n'avaient pas ou n'avaient plus. » Et plus loin, après avoir retracé, d'après les travaux de Bertillon, le mouvement de la population française comparée à celle de l'Angleterre, il ajoutait : « Que résulte-t-il de cette énorme différence dans la matrimonialité et dans la natalité? C'est que, tandis que notre population a cessé de croître, que notre influence au dehors diminue, que dans plusieurs parties de la France l'industrie et l'agriculture sont obligées d'appeler des bras étrangers, il y a tous les dix ans près de trois millions d'Anglais de plus qui vont augmenter, dans toutes les parties du monde et chez nous-mêmes, l'influence et la richesse de la race anglaise. C'est aux hommes d'État qu'il appartient de méditer sur des faits aussi importants, que la science leur signale avec leurs conséquences. » Plus que jamais, messieurs, de telles paroles doivent être entendues !

De longues années passées comme administrateur et comme chef militaire dans nos établissements du Sénégal et en Algérie, avaient mis le général Faidherbe en contact avec les races diverses qui peuplent l'Afrique du Nord. Il avait puisé dans ce contact le goût des problèmes ethnologiques, à la solution desquels il apportait de rares qualités d'observation sincère et de rigueur scientifique. Ces qualités, il les appliqua à démêler les confus mélanges de peuples, les nombreuses superpositions ethniques qui, avant et depuis l'histoire, ont eu pour théâtre la vaste région comprise entre la Méditerranée et le dixième degré de latitude. Là, plus qu'ailleurs, l'anthropologiste se heurte à chaque pas à d'immenses difficultés. Si le général Faidherbe n'a pu les vaincre toutes, il les a du moins aplanies dans une large mesure. On peut dire que son passage dans la science laisse plus claire et plus complète l'histoire des groupes soudaniens et berbers.

Grâce à lui, on connaît parfaitement aujourd'hui la très curieuse grammaire de la langue peule, langue parlée par la grande race rouge africaine des Peuls ou Foulahs, qui, partis selon toute vraisemblance de l'Afrique orientale, se sont étendus à travers le centre du continent jusqu'au Sénégal et à cette partie du Soudan maintenant ouverte à notre influence.

En 1870, le général Faidherbe a publié un Corpus d'inscriptions numidiques, dont plusieurs sont bilingues et accompagnées d'un texte phénicien ou latin. Cette précieuse collection a permis d'ébaucher la grammaire de l'ancien libyen.

L'étude des vieilles races de la Libye amenait Faidherbe à s'occuper de l'ethnologie canarienne. Dans l'ancienne population des Canaries, il signalait un mélange complexe de Libyens autochthones parlant le berbère, de noirs du Soudan et de blonds, envahisseurs européens de la Libye. Ces derniers, les Tamahou, comme les appelaient leurs voisins de l'est, les Égyptiens, étaient, suivant Faidherbe, des hommes du Nord qui, ayant envahi la Libye, s'étaient mêlés aux Libyens en adoptant leur langue. Ils ont laissé au milieu des populations berbères de nombreux représentants.

L'existence, au Maroc et en Numidie, de dolmens et autres monuments mégalithiques semblables à ceux de France et d'Angleterre, devait attirer toute l'attention du général Faidherbe. Il y trouvait, non sans un peu de complaisance, à ce qu'il semble, la confirmation de ses vues touchant ces invasions de blonds venus d'Europe en Afrique, « spécialement et peut-être uniquement par le Maghreb ».

Toutes ces recherches ont eu pour synthèse les *Instructions sur l'anthropologie de l'Algérie,* présentées à la Société d'anthropologie au nom d'une commission dont Faidherbe a été l'un des rapporteurs, et enfin, tout récemment, l'important ouvrage sur le Sénégal, fruit de trente-cinq années d'observations et d'études.

Telle est, messieurs, rapidement esquissée, l'œuvre scientifique du général Faidherbe : elle est considérable. Les hautes facultés que le général Faidherbe a consacrées à son pays dans nos possessions lointaines, sur les champs de bataille, au sein des assemblées politiques, la Société d'anthropologie les lui a vu déployer dans la sphère pacifique où s'exerce son activité. La Science, la Patrie et la République portent également le deuil de ce grand serviteur.